Endlich wieder raus!

Ob als Mitbringsel für die nächste Gartenparty, Rezeptidee fürs Grillbuffet oder einfach zum Genießen auf dem Balkon – diese sommerlichen Gerichte passen perfekt in die schönste Zeit des Jahres und sorgen für unbeschwerten Genuss!

Inhalt

3 Points® Wert
pro Person / Glas / Stück

Points Werte können variieren,
wenn du den diabetes-
spezifischen Plan lebst.

Nährwertangaben

kcal.................Kilokalorien
EW..................Eiweiß
KH ....Kohlenhydrate
F.......................Fett
BST ....Ballaststoffe

Points tracken

Wir haben jedem Rezept
einen QR-Code für schnelles,
nahtloses Tracking in der
WW App hinzugefügt.
Mehr Infos findest du auf
der inneren Umschlagseite.

 vegetarisch

 vegan

 glutenfrei

 laktosefrei

 nussfrei

Erlebe das WW Programm!

„Das Leben ist kompliziert – Abnehmen sollte es nicht sein."

WeightWatchers hilft dir abzunehmen – und dein neues Gewicht zu halten. Und das, während du isst, was dir schmeckt, und so lebst, wie du möchtest.

Mit den neuesten Erkenntnissen der Wissenschaft, einer unglaublich hilfsbereiten Community und Premiuminhalten, die du nur bei uns findest, hilft unser Programm dir, deine Ziele zu erreichen.

Wir berücksichtigen nicht nur die Kalorien, sondern die gesamten, komplexen Nährwertangaben eines Lebensmittels, um dessen Punktwert zu bestimmen. In unseren Algorithmus fließen noch mehr Nährwertfaktoren ein, um dich zu Lebensmitteln mit einem höheren Gehalt an Ballaststoffen, Proteinen und ungesättigten Fettsäuren sowie zu Lebensmitteln mit einem geringeren Gehalt an Zucker und gesättigten Fettsäuren zu führen.

„Die Möglichkeit, das zu essen, was man liebt, ist einer der Gründe, warum dieses Programm so alltagstauglich ist!"

JULIA SMEDEMA, DIPLOM OECOTROPHOLOGIN UND WW EXPERTIN FÜR PROGRAMM UND WISSENSCHAFT

Neugierig geworden?

Erfahre auf ww.com mehr über das WeightWatchers Programm und entdecke aktuelle Angebote.

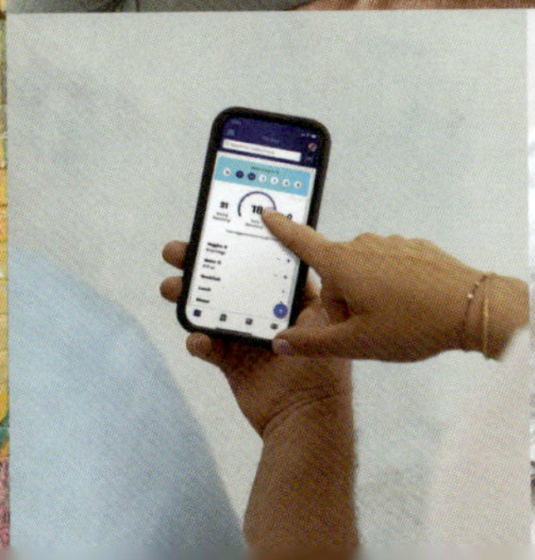

Starters & Sides

BBQ-Garnelen-Spieße mit Ananas

Zubereitungszeit **15 Min.**
Garzeit **10 Min.**
Für **2 Personen**

1/2 kleine Ananas (ca. 400 g)
12 Cocktailtomaten
12 küchenfertige Garnelen
2 EL Limettensaft
1/2 TL Chiliflocken
Salz, Pfeffer
3 EL BBQ-Sauce (Fertigprodukt)
1 TL Rapsöl

1. Ananas schälen, halbieren, Strunk entfernen und Ananas in Stücke schneiden. Tomaten waschen. Garnelen abspülen, trocken tupfen und mit Limettensaft, Chiliflocken, Salz und Pfeffer vermischen. Ananas mit 1 EL BBQ-Sauce vermischen.

2. Ananas, Garnelen und Tomaten abwechselnd auf 6 große Spieße stecken und mit Öl bepinseln. Spieße auf dem Rost bei direkter Hitze 7–10 Minuten rundherum grillen. BBQ-Garnelen-Spieße mit Salz und Pfeffer würzen und mit restlicher BBQ-Sauce servieren.

Pro Portion: 224 kcal, 8 g EW, 37 g KH, 3 g F, 3 g BST

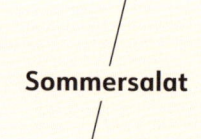

Sommersalat

Serviere pro Person 3 Spieße auf 100 g Pflücksalatmischung (Kühltheke) und einem Dressing aus 2 TL Öl, 1 EL Balsamicoessig, Salz und Pfeffer. Der Points® Wert erhöht sich auf 4.

Gegrillte Auberginen mit Tahindressing

Zubereitungszeit **15 Min.**
Garzeit **10 Min.**
Für **4 Personen**

3 große Auberginen
Salz, Pfeffer
1 kleine unbehandelte Zitrone
3 EL Tahin (Sesampaste)
100 ml Wasser
1/2 TL Kreuzkümmel
1/2 TL geräuchertes
Paprikapulver
1 EL Olivenöl
1 EL gehackter Koriander

1. Auberginen waschen, längs in Scheiben schneiden, salzen und ca. 10 Minuten ziehen lassen. 1 TL Zitronenschale abreiben und Zitrone auspressen. Für das Dressing Tahin mit Zitronensaft, Wasser, Kreuzkümmel, Paprikapulver, Salz und Pfeffer verrühren und kalt stellen.

2. Auberginen trocken tupfen, mit Öl bepinseln, mit Pfeffer würzen und nacheinander auf dem Rost bei direkter Hitze 2–3 Minuten von jeder Seite grillen. Auberginen mit Tahindressing beträufeln und mit Zitronenschale und Koriander garniert servieren.

Pro Portion: 154 kcal, 6 g EW, 9 g KH, 10 g F, 6 g BST

Thunfischtatar
mit Quinoa, Gurke & Ananas

Zubereitungszeit **20 Min.**
Garzeit **30 Min.**
Marinierzeit **10 Min.**
Für **4 Personen**

120 g trockene helle Quinoa
Salz, Pfeffer
400 g Thunfischfilet
2 EL Limettensaft
2 EL Sojasauce
1/2 kleine Ananas (ca. 400 g)
1 Salatgurke
1 rote Zwiebel
1 TL Chiliflocken
1 EL schwarzer Sesam
1 EL gehackte Minze

1. Quinoa nach Packungsanweisung in Salzwasser garen. Thunfischfilet abspülen, trocken tupfen und fein hacken. Thunfischtatar mit Limettensaft, Sojasauce und Pfeffer verrühren und im Kühlschrank ca. 10 Minuten marinieren.

2. Ananas schälen, halbieren, Strunk entfernen und Ananas fein würfeln. Gurke waschen, Zwiebel schälen, mit Gurke fein würfeln und mit Ananas, Chiliflocken und Sesam verrühren. Quinoa mithilfe von Dessertringen (Ø ca. 8 cm) zu 4 Türmchen anrichten. Thunfischtatar, Ananas-Gurken-Mischung daraufgeben und mit Minze bestreut servieren.

Pro Portion: 353 kcal, 29 g EW, 35 g KH, 8 g F, 5 g BST

Edamame-Sandwich

Zubereitungszeit **15 Min.**
Für **2 Stück**

120 g Edamame (TK)
1 Tomate
1/4 Salatgurke
4 Blätter Eisbergsalat
2 EL Frischkäse,
bis 5 % Fett absolut
1 TL Wasabipaste
Salz, Pfeffer
4 kleine Scheiben Vollkorntoast
2 Scheiben Cheddar (à 20 g),
50 % Fett i. Tr.
4 Scheiben Geflügelbrust-
aufschnitt

1. Edamame auftauen lassen. Tomate und Gurke waschen und in Scheiben schneiden. Salat waschen und trocken schleudern. Edamame mit Frischkäse und Wasabi pürieren und mit Salz und Pfeffer abschmecken.

2. Toasts rösten und mit Edamamecreme bestreichen. 2 Scheiben mit Salat, Gurken, Tomaten, Cheddar und Geflügelbrustaufschnitt belegen und mit restlichen Toastscheiben abdecken. Edamame-Sandwich diagonal halbieren und servieren.

Pro Portion: 340 kcal, 24 g EW, 31 g KH, 13 g F, 8 g BST

Honig-Orangen-Karotten mit Schafskäse

Zubereitungszeit **15 Min.**
Garzeit **15 Min.**
Für **4 Personen**

1 Bund Karotten mit Grün
(ca. 500 g)
Salz, Pfeffer
1 EL Honig
2 EL Orangensaft
1/2 TL Kreuzkümmel
1/2 TL Cayennepfeffer
80 g Schafskäse, 25 % Fett i. Tr.
1 TL schwarzer Sesam

1. Karotten schälen, gegebenenfalls längs halbieren, Karottengrün bis auf 1 cm entfernen und Karotten in Salzwasser ca. 10 Minuten garen. Karottengrün waschen und ca. 1 EL hacken. Für die Marinade Honig mit Orangensaft, Kreuzkümmel, Cayennepfeffer, Salz und Pfeffer verrühren.

2. Karotten mit Marinade vermischen und in einer Grill-pfanne ca. 5 Minuten rundherum grillen. Karotten auf einer Servierplatte anrichten, Schafskäse darüber zerbröseln und mit Karottengrün und Sesam bestreuen. Guten Appetit!

Pro Portion: 88 kcal, 6 g EW, 10 g KH, 3 g F, 5 g BST

Echt lecker

Zu den Karotten passt das Tahindressing von S. 11. Der Points® Wert erhöht sich pro Person auf 4. Aus dem restlichen Karottengrün kannst du Pesto oder Salsa machen.

Haselnuss-Baba-Ganoush

Zubereitungszeit **10 Min.**
Garzeit **40 Min.**
Für **4 Personen**

2

2 große Auberginen
1 EL Olivenöl
1 EL Haselnüsse
1 EL Haselnussmus
1 EL Limettensaft
1 TL geräuchertes Paprikapulver
Salz, Pfeffer
1 EL gehackter Koriander
1 EL Granatapfelkerne

1. Backofen auf 200° C (Gas: Stufe 3, Umluft: 180° C) vorheizen. Auberginen waschen, längs halbieren, Schnittflächen mit Öl bepinseln und auf ein mit Backpapier ausgelegtes Backblech legen. Auberginen im Backofen auf mittlerer Schiene ca. 40 Minuten backen.

2. Haselnüsse grob hacken und fettfrei in einer Pfanne auf mittlerer Stufe 2–3 Minuten rösten. Auberginenfruchtfleisch aus der Schale lösen und mit Haselnussmus, Limettensaft und Paprikapulver pürieren. Haselnuss-Baba-Ganoush mit Salz und Pfeffer abschmecken, mit Haselnüssen, Koriander und Granatapfelkernen bestreuen und servieren.

Pro Portion: 109 kcal, 3 g EW, 6 g KH, 8 g F, 3 g BST

Yummy!

Lass den Dip am besten bis zum Servieren im Kühlschrank ziehen. Dazu schmecken Gemüsesticks.

Ceviche-Tacos mit Tomatensalsa

Zubereitungszeit **20 Min.**
Für **6 Stück**

200 g Kabeljaufilet
2 unbehandelte Limetten
2 Tomaten
1 kleine rote Zwiebel
1/2 grüne Chilischote
2 Stängel Koriander
Salz, Pfeffer
1 Knoblauchzehe
6 Taco-Schalen
30 g saure Sahne

1. Kabeljaufilet abspülen, trocken tupfen und in feine Würfel schneiden. 2 TL Limettenschale abreiben und Limetten auspressen. Kabeljaufilet mit Limettensaft bedecken und ca. 15 Minuten ziehen lassen.

2. Für die Salsa Tomaten waschen und fein würfeln. Zwiebel schälen und fein würfeln. Chilischote waschen, entkernen und fein hacken. Koriander waschen, trocken schütteln und fein hacken. Tomaten mit Zwiebeln, 1 TL Limettenschale, der Hälfte der Chili und 1 EL Koriander verrühren und mit Salz und Pfeffer abschmecken.

3. Knoblauch pressen. Kabeljau samt Marinade mit restlicher Limettenschale, restlicher Chili, Knoblauch, Salz und Pfeffer verrühren. Tacoschalen mit Fisch und Salsa füllen, mit saurer Sahne und restlichem Koriander garnieren und Ceviche-Tacos servieren.

Pro Portion: 102 kcal, 7 g EW, 8 g KH, 4 g F, 1 g BST

Crunchy Chicken Nigiri

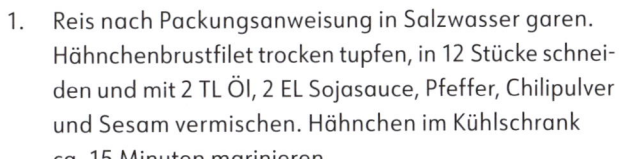

Zubereitungszeit **25 Min.**
Garzeit **30 Min.**
Marinierzeit **15 Min.**
Für **12 Stück**

120 g trockener **Sushireis**
Salz, Pfeffer
240 g **Hähnchenbrustfilet**
4 TL **Sesamöl**
4 EL **Sojasauce**
1/2 TL **Chilipulver**
1 TL **Sesam**
2 EL **Reisessig**
1 TL **Zucker**
1/4 **Salatgurke**
1/2 **Beet Kresse**

1. Reis nach Packungsanweisung in Salzwasser garen. Hähnchenbrustfilet trocken tupfen, in 12 Stücke schneiden und mit 2 TL Öl, 2 EL Sojasauce, Pfeffer, Chilipulver und Sesam vermischen. Hähnchen im Kühlschrank ca. 15 Minuten marinieren.

2. Essig mit Zucker und 1 TL Salz verrühren. Reis dazugeben, verrühren und ca. 15 Minuten ausdampfen lassen. Reis in 12 Teile teilen, mit feuchten Händen zu Kugeln formen und etwas flach drücken. Gurke waschen und in feine Stifte schneiden. Kresse vom Beet schneiden.

3. Restliches Öl portionsweise in einer Pfanne auf mittlerer Stufe erhitzen, Reisfladen darin portionsweise 2–3 Minuten von jeder Seite braten und herausnehmen. Hähnchen samt Marinade im Bratensatz 4–5 Minuten rundherum braten. Reis mit Hähnchen, Gurken und Kresse belegen und Crunchy Chicken Nigiri mit restlicher Sojasauce servieren.

Pro Portion: 79 kcal, 6 g EW, 9 g KH, 2 g F, 0 g BST

Für Eilige

Wenn's schnell gehen muss, spare dir das Anbraten der Nigiri und belege sie direkt mit dem gebratenen Hähnchen.

Kürbis-Kokos-Suppe

Zubereitungszeit **20 Min.**
Garzeit **35 Min.**
Für **6 Personen**

1 Dose Kichererbsen
(265 g Abtropfgewicht)
4 TL Olivenöl
Salz, Pfeffer
1 TL Paprikapulver
1 TL Chilipulver
1 Zwiebel
1 Knoblauchzehe
1 Stück Ingwer (ca. 3 cm)
400 g Butternutkürbis
2 gelbe Paprika
1 TL Kurkuma
1 TL Zimt
500 ml Gemüsebrühe
(2 TL Instantpulver)
300 ml fettreduzierte Kokosmilch
6 Stängel Koriander

1. Backofen auf 200° C (Gas: Stufe 3, Umluft: 180° C) vorheizen. Kichererbsen abspülen, abtropfen lassen und mit 2 TL Öl, Salz, Pfeffer, Paprikapulver und 1/2 TL Chilipulver vermischen. Kichererbsen auf einem mit Backpapier ausgelegten Backblech verteilen und im Backofen auf mittlerer Schiene ca. 25 Minuten backen.

2. Zwiebel schälen und mit Knoblauch würfeln. Ingwer schälen und hacken. Kürbis schälen, Kerne mit einem Löffel entfernen und Kürbis grob würfeln. Paprika waschen, entkernen und in Stücke schneiden.

3. Restliches Öl in einem Topf auf mittlerer Stufe erhitzen und Zwiebeln mit Knoblauch, Ingwer, Kurkuma, Zimt und restlichem Chilipulver darin ca. 3 Minuten anbraten. Kürbis und Paprika dazugeben und ca. 5 Minuten mitbraten. Gemüse mit Brühe und Kokosmilch ablöschen und mit Deckel ca. 20 Minuten köcheln lassen.

4. Koriander waschen, trocken schütteln und Blätter abzupfen. Suppe pürieren, mit Salz und Pfeffer abschmecken und auf 6 Schalen verteilen. Kürbis-Kokos-Suppe mit Kichererbsen und Koriander garnieren. Enjoy!

Pro Portion: 200 kcal, 5 g EW, 21 g KH, 11 g F, 6 g BST

Kürbisse

Die ersten regionalen Kürbisse bekommst du bereits ab Ende August im Supermarkt. Vorab kannst du auch gut auf TK Ware zurückgreifen.

Gegrillte Süßkartoffel mit scharfer Fetacreme

Zubereitungszeit **15 Min.**
Garzeit **35 Min.**
Für **6 Stück**

1 große Süßkartoffel (ca. 400 g)
Salz, Pfeffer
1 Frühlingszwiebel
100 g Schafskäse, 25 % Fett i. Tr.
100 g Frischkäse,
bis 5 % Fett absolut
1 Msp. Paprikapulver
1/2 TL Chiliflocken
2 TL Sonnenblumenkerne

1. Süßkartoffel waschen und in Salzwasser 20–25 Minuten vorgaren. Frühlingszwiebel waschen und in Ringe schneiden. Schafskäse mit einer Gabel zerdrücken und mit Frischkäse, Frühlingszwiebeln, Paprikapulver, Chiliflocken, Salz und Pfeffer verrühren.

2. Sonnenblumenkerne fettfrei in einer Grillpfanne auf mittlerer Stufe 2–3 Minuten rösten und herausnehmen. Süßkartoffel abgießen, kurz ausdampfen lassen und längs in 6 Scheiben schneiden.

3. Süßkartoffelscheiben fettfrei in der Grillpfanne 3–5 Minuten von jeder Seite grillen, mit Fetacreme bestreichen, mit Sonnenblumenkernen bestreuen und genießen.

Pro Portion: 128 kcal, 7 g EW, 17 g KH, 4 g F, 2 g BST

Gut gegrillt

Statt in der Pfanne kannst du die Süßkartoffeln natürlich auch auf dem Grill zubereiten, ca. 2 Minuten von jeder Seite grillen.

Sushi im Glas
mit Krebsfleisch

Zubereitungszeit **20 Min.**
Garzeit **20 Min.**
Für **4 Gläser**

120 g trockener Sushireis
Salz
1/2 Salatgurke
3 EL Frischkäse,
bis 5 % Fett absolut
1 TL Wasabipaste
3 EL Sojasauce
2 Algenblätter (Nori)
100 g küchenfertige Flusskrebse
(Kühltheke)
1/2 TL Chiliflocken
2 TL Sesam
2 EL Reisessig
1 TL Zucker

1. Reis nach Packungsanweisung in Salzwasser garen. Gurke waschen und würfeln. Frischkäse mit Wasabi und 1 EL Sojasauce verrühren. Algenblätter zerbröseln. Krebsfleisch hacken und mit restlicher Sojasauce, Chiliflocken und Sesam verrühren.

2. Essig mit Zucker und 1 TL Salz verrühren. Reis dazugeben, verrühren und ca. 15 Minuten ausdampfen lassen. Reis auf 4 Gläser (Inhalt ca. 300 ml) verteilen und Gurken, Wasabi-Frischkäse, Krebsfleisch und Algen daraufgeben. Sushi im Glas servieren.

Pro Portion: 182 kcal, 10 g EW, 28 g KH, 3 g F, 1 g BST

Tortillasuppe
mit geröstetem Mais

Zubereitungszeit **15 Min.**
Garzeit **20 Min.**
Für **4 Personen**

1 Zwiebel

1 Knoblauchzehe

1 rote Chilischote

2 rote Paprika

2 TL Olivenöl

800 g passierte Tomaten
(Konserve)

200 ml Gemüsebrühe
(1 TL Instantpulver)

Salz, Pfeffer

1 TL Kreuzkümmel

1 TL getrockneter Thymian

2 vorgegarte Maiskolben
(vakuumverpackt)

2 EL gehackter Koriander

30 g Tortillachips

1. Zwiebel schälen und mit Knoblauch würfeln. Chilischote waschen, entkernen und hacken. Paprika waschen, entkernen und in Stücke schneiden. Öl in einem Topf auf mittlerer Stufe erhitzen und Zwiebeln mit Knoblauch, Chili und Paprika darin 3–5 Minuten anbraten. Mit Tomaten und Brühe ablöschen, mit Salz, Pfeffer und Kreuzkümmel würzen, mit Thymian verfeinern und mit Deckel ca. 15 Minuten köcheln lassen.

2. Maiskolben fettfrei in einer Pfanne auf mittlerer bis hoher Stufe 5–7 Minuten rundherum braten. Mais vom Kolben schneiden. Suppe pürieren und mit Salz und Pfeffer abschmecken. Mit Mais, Koriander und Tortillachips garnieren und servieren.

Pro Portion: 208 kcal, 7 g EW, 30 g KH, 6 g F, 7 g BST

Karottendip mit Pistazien

Zubereitungszeit **15 Min.**
Garzeit **30 Min.**
Für **4 Personen**

400 g Karotten
2 TL Olivenöl
1 TL Kreuzkümmel
1 TL Paprikapulver
Salz, Pfeffer
2 TL gehackte Pistazien
2 EL Tahin (Sesampaste)
2 TL Sesamöl
2 EL Zitronensaft
2 EL Wasser
2 EL gehackte Petersilie

1. Backofen auf 180° C (Gas: Stufe 2, Umluft: 160° C) vorheizen. Karotten schälen, in Stücke schneiden und mit Olivenöl, Kreuzkümmel, Paprikapulver, Salz und Pfeffer auf einem mit Backpapier ausgelegten Backblech vermischen. Karotten im Backofen auf mittlerer Schiene ca. 30 Minuten backen.

2. Pistazien fettfrei in einer Pfanne auf mittlerer Stufe 2–3 Minuten rösten. Karotten kurz abkühlen lassen und mit Tahin, Sesamöl, Zitronensaft, Wasser und Petersilie fein pürieren. Karottendip mit Salz und Pfeffer abschmecken und mit Pistazien garniert servieren.

Pro Portion: 133 kcal, 3 g EW, 6 g KH, 10 g F, 5 g BST

Gut kombiniert / Serviere zu dem Dip Gemüsesticks oder Pitabrot.

Gegrillter Fenchel mit Pico de Gallo

Zubereitungszeit **15 Min.**
Garzeit **10 Min.**
Für **4 Personen**

1 rote Zwiebel

4 Tomaten

1 rote Chilischote

1 kleine Limette

6 Stängel Koriander

Salz, Pfeffer

2 Fenchelknollen

2 TL Olivenöl

1/2 TL Cayennepfeffer

1. Zwiebel schälen und fein würfeln. Tomaten waschen, entkernen und in kleine Würfel schneiden. Chilischote waschen, entkernen und fein hacken. Limette auspressen. Koriander waschen, trocken schütteln und hacken. Für die Pico de Gallo Tomaten, Zwiebeln, Chili, Koriander, 2 EL Limettensaft, Salz und Pfeffer vermischen.

2. Fenchel waschen, längs halbieren, Fenchelgrün abschneiden und hacken. Fenchel mit Öl und restlichem Limettensaft beträufeln, mit Salz, Pfeffer und Cayennepfeffer würzen und auf dem Rost bei direkter Hitze 10–12 Minuten von jeder Seite grillen. Fenchel mit Fenchelgrün garnieren und mit Pico de Gallo servieren.

Pro Portion: 74 kcal, 3 g EW, 8 g KH, 3 g F, 4 g BST

Pico de Gallo ... ... wird auch „Salsa Fresca" genannt, da sie im Gegenteil zur klassischen Salsa ausschließlich frische Zutaten enthält. Die Textur ist zudem deutlich gröber.

Fresh
& Green

Quinoa-Burrito-Bowl
mit pochiertem Ei

Zubereitungszeit **25 Min.**
Garzeit **25 Min.**
Für **4 Personen**

200 g trockene helle Quinoa
Salz, Pfeffer
1 rote Zwiebel
2 rote Paprika
1/2 Eisbergsalat
1 Dose schwarze Bohnen
(240 g Abtropfgewicht)
1 Dose Mais
(285 g Abtropfgewicht)
200 g Sojajoghurt,
bis 3 g Zucker/100 g
1 TL geräuchertes Paprikapulver
1/2 TL Chilipulver
1 EL Rapsöl
180 g veganes Hackfleisch
1,5 Liter Wasser
1 EL Essig
4 Eier (Größe M)
40 g Jalapeñoringe in Lake

1. Quinoa nach Packungsanweisung in Salzwasser garen. Zwiebel schälen und in Streifen schneiden. Paprika waschen, entkernen und würfeln. Salat waschen, trocken schleudern und in mundgerechte Stücke zerteilen. Bohnen abspülen und mit Mais abtropfen lassen.

2. Für den Dip Sojajoghurt mit 1/2 TL Paprikapulver, 1 Msp. Chilipulver, Salz und Pfeffer verrühren. Öl in einer Pfanne auf mittlerer bis hoher Stufe erhitzen, Hackfleisch darin 5–7 Minuten anbraten und mit Salz, Pfeffer, restlichem Paprikapulver und Chilipulver würzen.

3. Wasser mit Essig und 1 TL Salz in einem Topf auf hoher Stufe zum Sieden bringen. Eier einzeln in eine Suppenkelle schlagen, langsam in das Wasser geben und 3–5 Minuten auf niedriger Stufe ziehen lassen.

4. Quinoa auf 4 Schalen verteilen, Hackfleisch, Zwiebeln, Paprika, Salat, Bohnen, Mais und Jalapeños nebeneinander darauf anrichten, je 1 Ei daraufgeben und mit Dip beträufeln. Quinoa-Burrito-Bowl mit Salz und Pfeffer würzen und servieren.

Pro Portion: 546 kcal, 30 g EW, 59 g KH, 18 g F, 16 g BST

Make it vegan! Einfach das Ei weglassen und deine Bowl ist vegan.

Lachs-Sushi-Burrito

Zubereitungszeit **20 Min.**
Garzeit **20 Min.**
Für **4 Stück**

60 g trockener Basmatireis
Salz, Pfeffer
1 Avocado (ca. 120 g)
1 Karotte
40 g Rucola
1 Algenblatt (Nori)
80 g Räucherlachs
1 EL Salatcreme, bis 10 % Fett
3 EL Frischkäse,
bis 5 % Fett absolut
1 TL Wasabipaste
4 kleine Tortillawraps

1. Reis nach Packungsanweisung in Salzwasser garen. Avocado halbieren, Stein entfernen, Fruchtfleisch aus der Schale lösen und in Spalten schneiden. Karotte schälen und in feine Stifte schneiden. Rucola waschen und trocken schleudern. Algenblatt und Räucherlachs in Streifen schneiden.

2. Salatcreme mit Frischkäse und Wasabipaste verrühren und mit Salz und Pfeffer abschmecken. Wraps mit Wasabicreme bestreichen und mit Reis, Lachs, Avocado, Karotten, Rucola und Algenblättern belegen. Wraps aufrollen und dabei die Ränder einschlagen.

3. Eine große Pfanne auf mittlerer Stufe erhitzen und Wraps darin fettfrei ca. 5 Minuten rundherum braten. Lachs-Sushi-Burrito halbieren und servieren.

Pro Portion: 311 kcal, 11 g EW, 35 g KH, 14 g F, 4 g BST

To go!

Die Burritos lassen sich gut fürs Picknick vorbereiten und mitnehmen. Am besten in der Kühltasche transportieren.

Waldorfsalat mit Granatapfel

Zubereitungszeit **20 Min.**
Garzeit **5 Min.**
Für **4 Personen**

250 g Pflücksalatmischung
(Kühltheke)
400 g Knollensellerie
2 süßliche Äpfel
(z. B. Gala Royal)
1/2 Granatapfel
30 g Walnüsse
2 EL Salatcreme, bis 10 % Fett
150 g Magermilchjoghurt
2 EL Zitronensaft
1 EL Schnittlauchringe
Salz, Pfeffer

1. Salat waschen und trocken schleudern. Sellerie schälen. Äpfel waschen, vierteln, entkernen und mit Sellerie in feine Stifte schneiden. Granatapfelkerne herauslösen. Walnüsse grob hacken und fettfrei in einer Pfanne auf mittlerer Stufe 2–3 Minuten rösten.

2. Für das Dressing Salatcreme mit Joghurt, Zitronensaft, Schnittlauch, Salz und Pfeffer verrühren. Dressing mit Salat, Sellerie und Äpfeln vermischen und mit Walnüssen und Granatapfelkernen bestreut servieren.

Pro Portion: 170 kcal, 6 g EW, 19 g KH, 6 g F, 8 g BST

Mango-Gurken-Salat mit Garnelenspießen

Zubereitungszeit **20 Min.**
Garzeit **10 Min.**
Marinierzeit **10 Min.**
Für **4 Personen**

400 g küchenfertige Garnelen
1 rote Chilischote
1 unbehandelte Limette
2 EL Sojasauce
1 Prise Zucker
Salz, Pfeffer
1 Salatgurke
1 kleine Mango (ca. 200 g)
4 Stängel Minze
2 TL Rapsöl
80 g Ziegenfrischkäse,
45 % Fett i. Tr.
2 TL Sesam

1. Garnelen abspülen und trocken tupfen. Chilischote waschen, entkernen und fein hacken. 1 Msp. Limettenschale abreiben und Limette auspressen. Garnelen mit der Hälfte der Chili, 2 EL Limettensaft, Sojasauce, Zucker, Salz und Pfeffer vermischen und im Kühlschrank ca. 10 Minuten marinieren.

2. Gurke waschen, längs halbieren und in breite Scheiben schneiden. Mango schälen, Fruchtfleisch vom Stein schneiden und Mango würfeln. Minze waschen, trocken schütteln und grob hacken. Gurken mit Mango, Minze, restlicher Chili, restlichem Limettensaft und -schale vermischen und mit Salz und Pfeffer abschmecken.

3. Garnelen auf 8 Spieße stecken und mit Öl bepinseln. Spieße auf dem Rost bei direkter Hitze 7–10 Minuten rundherum grillen. Ziegenfrischkäse in Klecksen auf dem Mango-Gurken-Salat verteilen, mit Sesam bestreuen und mit Garnelenspießen servieren.

Pro Portion: 217 kcal, 23 g EW, 11 g KH, 9 g F, 3 g BST

Gurkengazpacho
mit Tahintopping

Zubereitungszeit **15 Min.**
Garzeit **5 Min.**
Kühlzeit **30 Min.**
Für **4 Personen**

1 grüne Paprika
1 Salatgurke
3 Stangen Staudensellerie
1/2 Bund Petersilie
1 große Scheibe Vollkorntoast
250 ml Wasser
2 TL Olivenöl
3 EL Zitronensaft
Salz, Pfeffer
1 EL Sonnenblumenkerne
2 EL Tahin (Sesampaste)
2 EL Sojajoghurt, Natur,
bis 3 g Zucker/100 g
1/2 TL Paprikapulver

1. Paprika waschen, entkernen und in Stücke schneiden. Gurke und Sellerie waschen und in Stücke schneiden. Sellerieblätter abzupfen und beiseitestellen. Petersilie waschen und trocken schütteln. Toast grob würfeln und mit Paprika, Gurken, Sellerie, Petersilie, Wasser, Öl und 2 EL Zitronensaft pürieren. Gazpacho mit Salz und Pfeffer abschmecken und ca. 30 Minuten kalt stellen.

2. Sonnenblumenkerne fettfrei in einer Pfanne auf mittlerer Stufe 2–3 Minuten rösten. Für das Topping Tahin, Sojajoghurt, restlichen Zitronensaft, Paprikapulver, Salz und Pfeffer verrühren. Gazpacho auf 4 Gläser oder Schalen verteilen, mit Tahintopping und Sonnenblumenkernen garnieren und kalt genießen.

Pro Portion: 150 kcal, 5 g EW, 11 g KH, 9 g F, 5 g BST

Ofengemüse
mit Roastbeef & Salat

Zubereitungszeit **20 Min.**
Garzeit **30 Min.**
Für **4 Personen**

5

3 große Karotten

1 große Zucchini

1 gelbe Paprika

300 g Cocktailtomaten

2 1/2 EL Olivenöl

4 EL dunkler Balsamicoessig

1 TL Paprikapulver

1 TL Kreuzkümmel

1 TL brauner Zucker

Salz, Pfeffer

200 g Pflücksalatmischung

(Kühltheke)

1 EL Zitronensaft

1 EL Senf

1 TL Honig

1/2 TL getrocknete italienische

Kräuter

8 Scheiben Roastbeef

1. Backofen auf 200° C (Gas: Stufe 3, Umluft: 180° C) vorheizen. Karotten schälen, Zucchini waschen und beides in Stifte schneiden. Paprika waschen, entkernen und in Streifen schneiden. Tomaten waschen.

2. Gemüse mit 1 EL Öl, 2 EL Essig, Paprikapulver, Kreuzkümmel, Zucker, Salz und Pfeffer vermischen, auf einem mit Backpapier ausgelegten Backblech verteilen und im Backofen auf mittlerer Schiene 25–30 Minuten backen.

3. Salat waschen und trocken schleudern. Für das Dressing restliches Öl, restlichen Essig, Zitronensaft, Senf, Honig, Kräuter, Salz und Pfeffer verrühren. Ofengemüse mit Roastbeef auf dem Salat anrichten, mit Dressing beträufeln und servieren.

Pro Portion: 214 kcal, 12 g EW, 15 g KH, 11 g F, 6 g BST

**Gemüse-
päckchen für
den Grill**

Gemüse auf 4 Stücke Backpapier verteilen und mit Küchengarn gut verschließen. Bei indirekter / schwacher Hitze ca. 8 Minuten grillen und genießen.

Chicken Salad
mit Caesardressing

Zubereitungszeit **20 Min.**
Garzeit **10 Min.**
Für **4 Personen**

60 g Parmesan
1 Knoblauchzehe
2 Sardellenfilets in Salzlake
80 g Salatcreme, bis 10 % Fett
2 EL Weißweinessig
Salz, Pfeffer
2 Römersalatherzen
2 Chicorée
1/2 Salatgurke
4 Hähnchenbrustfilets (à 120 g)
2 TL Rapsöl
1/4 Bund Schnittlauch
20 g Croûtons (Fertigprodukt)

1. Für das Caesardressing 30 g Parmesan reiben und mit Knoblauch, Sardellenfilets, Salatcreme und Essig pürieren. Dressing mit Salz und Pfeffer abschmecken. Salat und Chicorée waschen, trocken schleudern und in mundgerechte Stücke zerteilen. Gurke waschen und würfeln.

2. Hähnchenbrustfilets trocken tupfen, mit Öl bepinseln, mit Salz und Pfeffer würzen und auf dem Rost bei direkter Hitze oder in einer Grillpfanne auf mittlerer bis hoher Stufe ca. 5 Minuten von jeder Seite grillen. Hähnchen in Tranchen schneiden.

3. Restlichen Parmesan hobeln. Schnittlauch waschen, trocken schütteln und in breite Ringe schneiden. Salat, Chicorée und Gurken mit Dressing vermischen, Hähnchen darauf anrichten und mit Croûtons, Parmesanhobeln und Schnittlauch bestreuen. Chicken Salad servieren.

Pro Portion: 287 kcal, 37 g EW, 9 g KH, 11 g F, 3 g BST

Tomaten-Nektarinen-Salat

Zubereitungszeit **20 Min.**
Für **4 Personen**

150 g Baby-Blattspinat

3 große Tomaten

1 Kugel fettreduzierter
Mozzarella

2 Nektarinen

30 g Pekannüsse

3 EL dunkler Balsamicoessig

4 TL Olivenöl

2 TL Honig

2 TL Senf

Salz, Pfeffer

40 g Blauschimmelkäse,
50 % Fett i. Tr.

1. Spinat waschen und trocken schleudern. Tomaten waschen und würfeln. Mozzarella trocken tupfen und würfeln. Nektarinen waschen, halbieren, Steine entfernen und Nektarinen in dünne Spalten schneiden. Pekannüsse grob hacken.

2. Für das Dressing Essig, Öl, Honig, Senf, Salz und Pfeffer verrühren und mit Tomaten und Mozzarella vermischen. Spinat auf einem großen Teller anrichten, Tomate-Mozzarella-Mischung und Nektarinen daraufgeben, Blauschimmelkäse darüber zerbröseln und mit Pekannüssen bestreut servieren.

Pro Portion: 258 kcal, 12 g EW, 15 g KH, 16 g F, 4 g BST

Rote-Bete-Wildkräutersalat mit Ziegenkäse

Zubereitungszeit **20 Min.**
Garzeit **5 Min.**
Für **4 Personen**

4 Ziegenfrischkäsetaler,
45 % Fett i. Tr.
1 TL Honig
1 TL gehackter Rosmarin
je 15 g Walnüsse und Haselnüsse
4 vorgegarte Rote Beten
(vakuumverpackt)
2 Schalotten
150 g Wildkräutersalat
(Kühltheke)
1/2 Bund Petersilie
1 EL Olivenöl
3 EL Apfelessig
Salz, Pfeffer

1. Backofen auf 200° C (Gas: Stufe 3, Umluft: 180° C) vorheizen. Ziegenfrischkäsetaler auf ein mit Backpapier ausgelegtes Backblech legen, mit Honig beträufeln und mit Rosmarin bestreuen. Nüsse grob hacken, neben dem Ziegenkäse aufs Backblech geben und im Backofen auf oberster Schiene ca. 5 Minuten backen.

2. Rote Bete in Spalten schneiden. Schalotten schälen und in Ringe schneiden. Salat waschen und trocken schleudern. Petersilie waschen, trocken schütteln und hacken. Für das Dressing Öl, Essig, Salz und Pfeffer verrühren und mit Roter Bete, Salat, Petersilie und Schalotten vermischen. Ziegenkäse auf dem Salat anrichten, mit Nüssen bestreuen und genießen.

Pro Portion: 185 kcal, 6 g EW, 10 g KH, 13 g F, 3 g BST

Green Smoothie mit Avocado

Zubereitungszeit **10 Min.**
Für **4 Gläser**

150 g Baby-Blattspinat
1 Stange Staudensellerie
1 Banane
1/2 kleine Zitrone
80 g Avocadofruchtfleisch
300 ml entrahmte Milch
2 TL Chiasamen

1. Spinat waschen und trocken schleudern. Sellerie waschen und in Stücke schneiden. Banane schälen und in Stücke schneiden. Zitronenhälfte auspressen.

2. Spinat mit Avocado, Sellerie, Banane, Milch und Zitronensaft pürieren. Smoothie in 4 Gläser (Inhalt ca. 250 ml) füllen, mit Chiasamen bestreuen und servieren.

Pro Portion: 127 kcal, 5 g EW, 12 g KH, 6 g F, 4 g BST

Pokébowl mit Rind

Zubereitungszeit **20 Min.**
Garzeit **5 Min.**
Marinierzeit **15 Min.**
Für **4 Personen**

200 g trockener Jasminreis
Salz, Pfeffer
1 Frühlingszwiebel
400 g Rindersteak
2 EL Sojasauce
2 TL Sesamöl
2 EL Chilisauce
(auf Tomatenbasis)
2 gelbe Paprika
2 Karotten
1 große Avocado (ca. 200 g)
100 g Kimchi (Konserve)
1 Beet Kresse-Mix
2 TL schwarzer Sesam

1. Reis nach Packungsanweisung in Salzwasser garen. Frühlingszwiebel waschen und in feine Ringe schneiden. Rindersteak trocken tupfen, in Streifen schneiden, mit Frühlingszwiebeln, Sojasauce, Öl, 1 EL Chilisauce und Pfeffer vermischen und im Kühlschrank ca. 15 Minuten marinieren.

2. Paprika waschen, entkernen und würfeln. Karotten schälen und grob raspeln. Avocado halbieren, Stein entfernen, Fruchtfleisch aus der Schale lösen und in Spalten schneiden. Kimchi abtropfen lassen. Kresse vom Beet schneiden.

3. Eine Pfanne auf mittlerer bis hoher Stufe erhitzen, Rindersteak samt Marinade darin 3–5 Minuten rundherum braten und mit Salz würzen. Reis, Steakstreifen, Paprika, Karotten, Avocado und Kimchi nebeneinander auf 4 Schalen verteilen. Pokébowl mit restlicher Chilisauce beträufeln und mit Sesam und Kresse bestreut servieren.

Pro Portion: 491 kcal, 28 g EW, 50 g KH, 20 g F, 9 g BST

Pflücksalat mit Zitrusfrüchten & Ranchdressing

Zubereitungszeit **25 Min.**
Für **4 Personen**

1 kleine Zwiebel
1 Knoblauchzehe
100 g Magermilchjoghurt
60 g Salatcreme, bis 10 % Fett
60 ml Buttermilch, Natur
1 EL Schnittlauchringe
2 TL gehackter Dill
Salz, Pfeffer
200 g Pflücksalatmischung
(Kühltheke)
2 Stangen Staudensellerie
1 Orange
1 Blutorange
1 kleine Grapefruit (ca. 250 g)
2 EL gehackte Mandeln

1. Für das Ranchdressing Zwiebel schälen und reiben. Knoblauch pressen, mit Joghurt, Salatcreme, Buttermilch, Zwiebeln, Schnittlauch und Dill verrühren und mit Salz und Pfeffer abschmecken. Dressing kalt stellen.

2. Salat waschen und trocken schleudern. Sellerie waschen und in Scheiben schneiden. Orange, Blutorange und Grapefruit schälen und filetieren. Salat und Sellerie mit Dressing vermischen, Zitrusfrüchte darauf anrichten und mit Mandeln bestreut servieren.

Pro Portion: 160 kcal, 6 g EW, 20 g KH, 5 g F, 5 g BST

Pikante
Melonen-Paprika-Gazpacho

Zubereitungszeit **15 Min.**
Garzeit **5 Min.**
Kühlzeit **30 Min.**
Für **4 Personen**

**1/2 kleine Wassermelone
(ca. 600 g)
1 rote Paprika
1 Salatgurke
je 2 Stängel Minze und Basilikum
1 Knoblauchzehe
200 ml Wasser
2 EL Limettensaft
1/2 TL Chilipulver
Salz, Pfeffer
4 TL Pinienkerne**

1. Wassermelone schälen und in Stücke schneiden. Paprika waschen, entkernen und in Stücke schneiden. Gurke schälen und in Stücke schneiden. Minze mit Basilikum waschen, trocken schütteln und Blätter abzupfen.

2. Melone mit Paprika, Gurke, Knoblauch, Wasser, Limettensaft, Minze, der Hälfte des Basilikums und Chilipulver pürieren und mit Salz und Pfeffer abschmecken. Gazpacho ca. 30 Minuten kalt stellen.

3. Pinienkerne fettfrei in einer Pfanne auf mittlerer Stufe 2–3 Minuten rösten. Gazpacho auf 4 Gläser oder Schalen verteilen, mit restlichem Basilikum und Pinienkernen bestreuen und kalt genießen.

Pro Portion: 122 kcal, 3 g EW, 18 g KH, 4 g F, 3 g BST

Stay cool!

An heißen Sommertagen liefert die kalte Suppe zusätzlich Flüssigkeit und sorgt für eine kulinarische Erfrischung.

Kartoffel-Radieschen-Salat mit Räucherfisch

Zubereitungszeit **20 Min.**
Garzeit **20 Min.**
Für **4 Personen**

500 g festkochende Kartoffeln
Salz, Pfeffer
4 Eier (Größe M)
1 Bund Radieschen
3 Frühlingszwiebeln
200 g Magermilchjoghurt
1 EL Zitronensaft
je 1 EL gehackter Dill, Petersilie und Schnittlauch
200 g geräucherte Forellenfilets

1. Kartoffeln schälen und in Salzwasser ca. 20 Minuten garen. Eier in kochendem Wasser 8–10 Minuten hart kochen, abschrecken, pellen und halbieren. Radieschen waschen und in Scheiben schneiden. Frühlingszwiebeln waschen und in Ringe schneiden.

2. Für das Dressing Joghurt mit Zitronensaft und Kräutern verrühren und mit Salz und Pfeffer abschmecken. Forellenfilets in Stücke zerteilen. Kartoffeln abgießen, ca. 10 Minuten ausdampfen lassen, in Scheiben schneiden und mit Dressing, Radieschen und Frühlingszwiebeln vermischen. Forelle und Eier darauf anrichten und Kartoffel-Radieschen-Salat servieren.

Pro Portion: 289 kcal, 24 g EW, 24 g KH, 10 g F, 4 g BST

Röstpaprika-Orangen-Salat mit Feta

Zubereitungszeit **15 Min.**
Garzeit **20 Min.**
Für **4 Personen**

je 1 rote, gelbe und grüne
Paprika
2 EL Olivenöl
Salz, Pfeffer
120 g Baby-Blattspinat
80 g Rucola
1 Orange
180 g Schafskäse, 25 % Fett i. Tr.
2 EL heller Balsamicoessig
1 EL Wasser
1 EL gemischte Kräuter (TK)

1. Backofen auf 200° C (Gas: Stufe 3, Umluft: 180° C) vorheizen. Paprika waschen, entkernen und in breite Streifen schneiden. Paprika mit 1 EL Öl, Salz und Pfeffer auf einem mit Backpapier ausgelegten Backblech verteilen und im Backofen auf mittlerer Schiene ca. 20 Minuten rösten.

2. Spinat mit Rucola waschen und trocken schleudern. Orange schälen und in Stücke schneiden. Schafskäse zerbröseln. Für das Dressing Essig, restliches Öl, Wasser, Kräuter, Salz und Pfeffer verrühren. Spinat mit Paprika, Rucola, Orangen, Schafskäse und Dressing vermischen und genießen.

Pro Portion: 214 kcal, 12 g EW, 14 g KH, 12 g F, 6 g BST

Grilled & Cooked

BBQ-Steak-Flatbread
mit Sriracha-Mayo

Zubereitungszeit **20 Min.**
Garzeit **20 Min.**
Kühlzeit **15 Min.**
Für **4 Stücke**

120 g Mehl
120 g Magerquark
2 EL Mineralwasser
2 TL Olivenöl
1 TL Backpulver
Salz, grober Pfeffer
1 rote Zwiebel
1 gelbe Paprika
1 Frühlingszwiebel
1/2 Kugel fettreduzierter
Mozzarella
1 EL Tomatenmark
70 g BBQ-Sauce (Fertigprodukt)
1 TL getrockneter Oregano
200 g Rindersteak
1 TL Rapsöl
1 EL gehackter Koriander
1 EL Sriracha-Mayonnaise

1. Mehl mit Quark, Wasser, Olivenöl, Backpulver und 1/2 TL Salz zu einem glatten Teig verkneten, in Frischhaltefolie wickeln und ca. 15 Minuten kalt stellen. Zwiebel schälen und in Streifen schneiden. Paprika waschen, entkernen und in Streifen schneiden. Frühlingszwiebel waschen und in Ringe schneiden. Mozzarella trocken tupfen und in Stücke zerteilen.

2. Backofen auf 180° C (Gas: Stufe 2, Umluft: 160° C) vorheizen. Für die Sauce Tomatenmark mit 50 g BBQ-Sauce, Oregano, Salz und Pfeffer verrühren. Teig auf Backpapier zu einem länglichen Fladen ausrollen und auf ein Backblech geben. Flatbread mit Sauce bestreichen, mit Paprika, Zwiebeln und Mozzarella belegen und im Backofen auf mittlerer Schiene 15–20 Minuten backen.

3. Rindersteak trocken tupfen und mit Pfeffer würzen. Rapsöl in einer Grillpfanne auf mittlerer bis hoher Stufe erhitzen, Steak darin 3–5 Minuten von jeder Seite braten, herausnehmen, kurz ruhen lassen und mit restlicher BBQ-Sauce bestreichen. Steak in Tranchen schneiden, auf dem Flatbread anrichten, salzen, mit Frühlingszwiebeln und Koriander bestreuen und mit Sriracha-Mayonnaise garnieren. BBQ-Steak-Flatbread in Stücke schneiden und genießen.

Pro Portion: 295 kcal, 21 g EW, 34 g KH, 8 g F, 3 g BST

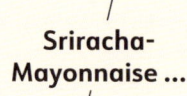

Sriracha-Mayonnaise … … ist eine Kombi aus Mayo und Chili. Sie ist in gut sortierten Supermärkten und Asialäden erhältlich.

Titelrezept

Süßkartoffel-Seafood-Chowder

Zubereitungszeit **20 Min.**
Garzeit **30 Min.**
Für **4 Personen**

1 Zwiebel
1 Knoblauchzehe
1 rote Paprika
300 g mehligkochende Kartoffeln
300 g Süßkartoffeln
1 Dose Mais (285 g Abtropfgewicht)
2 TL Rapsöl
1 EL Mehl
1 Liter Gemüsebrühe (4 1/2 TL Instantpulver)
1 Lorbeerblatt
Salz, Pfeffer
1 TL Paprikapulver
1/2 TL Cayennepfeffer
400 g Meeresfrüchte (TK)
2 TL gehackter Thymian
80 g Schmand
2 EL gehackte Petersilie

1. Zwiebel schälen und mit Knoblauch fein würfeln. Paprika waschen, entkernen und würfeln. Kartoffeln und Süßkartoffeln schälen und in Stücke schneiden. Mais abgießen.

2. Öl in einem Topf auf mittlerer Stufe erhitzen und Zwiebeln mit Knoblauch und Paprika darin ca. 3 Minuten anbraten. Mit Mehl bestäuben und ca. 1 Minute anschwitzen. Gemüse mit Brühe ablöschen, Kartoffeln, Süßkartoffeln und Lorbeerblatt dazugeben, mit Salz, Pfeffer, Paprikapulver und Cayennepfeffer würzen, aufkochen und ca. 20 Minuten garen.

3. Lorbeerblatt entfernen, die Hälfte des Gemüses herausnehmen und restlichen Chowder pürieren. Mais, gefrorene Meeresfrüchte, Gemüse und Thymian zum Chowder geben und weitere ca. 8 Minuten garen. Süßkartoffel-Seafood-Chowder mit Schmand verfeinern, mit Salz und Pfeffer abschmecken und mit Petersilie garniert servieren.

Pro Portion: 379 kcal, 21 g EW, 47 g KH, 11 g F, 9 g BST

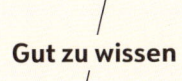

Gut zu wissen

Chowder bezeichnet eine sämige Fischsuppe. Die bekannteste Variante ist Clam Chowder (Muschelsuppe), die in San Francisco im Brotlaib serviert wird.

Steaktacos
mit schwarzen Bohnen

Zubereitungszeit **20 Min.**
Garzeit **5 Min.**
Marinierzeit **10 Min.**
Für **6 Stück**

300 g Rindersteak
1 Limette
2 TL Fajita-Gewürz
Salz, Pfeffer
2 Tomaten
1 rote Zwiebel
1 Frühlingszwiebel
1 große Avocado (ca. 200 g)
1 Dose schwarze Bohnen
(240 g Abtropfgewicht)
2 TL Rapsöl
6 Mini-Mais-Tortillawraps
(à 25 g)
60 g saure Sahne

1. Rindersteak trocken tupfen und in Streifen schneiden. Limette auspressen. 2 EL Limettensaft mit Steakstreifen, Fajita-Gewürz, Salz und Pfeffer vermischen und im Kühlschrank ca. 10 Minuten marinieren.

2. Tomaten waschen und würfeln. Zwiebel schälen und fein würfeln. Frühlingszwiebel waschen und in Ringe schneiden. Avocado halbieren, Stein entfernen, Fruchtfleisch aus der Schale lösen und würfeln. Bohnen abspülen und abtropfen lassen.

3. Öl in einer Grillpfanne auf hoher Stufe erhitzen und Steak samt Marinade darin ca. 3 Minuten rundherum braten. Wraps nach Wunsch erwärmen, mit saurer Sahne bestreichen und mit Steakstreifen, Tomaten, Zwiebeln, Frühlingszwiebeln, Avocado und Bohnen belegen. Steaktacos mit restlichem Limettensaft beträufeln und genießen.

Pro Portion: 281 kcal, 16 g EW, 20 g KH, 15 g F, 6 g BST

Gut gegrillt

Du kannst das Steak auch als Ganzes marinieren und anschließend auf dem Grill garen. Bei direkter Hitze von jeder Seite ca. 3 Minuten grillen, kurz ruhen lassen und in Tranchen schneiden.

Trüffel-Grilled-Cheese

Zubereitungszeit **10 Min.**
Garzeit **10 Min.**
Für **4 Stück**

 7

8 kleine Scheiben Vollkorntoast
4 TL Trüffelsenf
4 TL Salatcreme,
bis 10 % Fett absolut
grober Pfeffer
40 g Provolone, 44 % Fett i. Tr.
40 g geriebener Cheddar,
50 % Fett i. Tr.
1 EL Halbfettmargarine

1. Toasts mit Trüffelsenf und Salatcreme bestreichen und mit Pfeffer würzen. Provolone reiben oder in kleine Stücke schneiden, mit Cheddar auf 4 Toastscheiben verteilen und mit restlichen Toastscheiben abdecken.

2. Margarine in einer Grillpfanne auf mittlerer bis hoher Stufe schmelzen und Toasts darin ca. 5 Minuten von jeder Seite grillen. Trüffel-Grilled-Cheese diagonal halbieren und servieren.

Pro Portion: 230 kcal, 10 g EW, 22 g KH, 11 g F, 3 g BST

Gut kombiniert

Serviere dazu beispielsweise den Waldorfsalat mit Granatapfel (S. 42). Der Points® Wert erhöht sich auf 9.

Buntes Gemüseblech
mit Hähnchen

Zubereitungszeit **15 Min.**
Garzeit **35 Min.**
Marinierzeit **10 Min.**
Für **4 Personen**

4 Hähnchenbrustfilets (à 120 g)
3 TL Olivenöl
1 TL Paprikapulver
Salz, Pfeffer
1 große Fenchelknolle
je 1 rote, gelbe und grüne
Paprika
2 Knoblauchzehen
1 EL heller Balsamicoessig
80 g Frischkäse,
bis 5 % Fett absolut
80 g Hüttenkäse,
bis 0,5 % Fett absolut
1 TL Senf
1 TL Honig
1 TL gehackter Rosmarin

1. Backofen auf 200° C (Gas: Stufe 3, Umluft: 180° C) vorheizen. Hähnchenbrustfilets trocken tupfen, mit 2 TL Öl, Paprikapulver, Salz und Pfeffer vermischen und im Kühlschrank ca. 10 Minuten marinieren. Fenchel waschen, Strunk entfernen und Fenchel in Stücke schneiden. Fenchelgrün hacken und beiseitestellen. Paprika waschen, entkernen und in breite Streifen schneiden.

2. Knoblauch pressen, mit restlichem Öl, Essig, Salz, Pfeffer, Fenchel und Paprika vermischen, mit Hähnchen auf einem mit Backpapier ausgelegten Backblech verteilen und im Backofen auf mittlerer Schiene 30–35 Minuten backen.

3. Für den Dip Frischkäse mit Hüttenkäse, Senf, Honig, Rosmarin, Salz und Pfeffer verrühren. Hähnchen, Paprika und Fenchel mit Fenchelgrün bestreuen und mit Dip servieren.

Pro Portion: 260 kcal, 36 g EW, 15 g KH, 6 g F, 7 g BST

Veggie-Cheeseburger mit Bohnenpatty

Zubereitungszeit **20 Min.**
Garzeit **10 Min.**
Für **4 Personen**

3 Karotten

1 Tomate

1 rote Zwiebel

2 Gewürzgurken

40 g Pflücksalatmischung
(Kühltheke)

1 Dose weiße Bohnen
(240 g Abtropfgewicht)

1 Ei (Größe M)

1 EL Schnittlauchringe

1/2 TL Cayennepfeffer

Salz, Pfeffer

1 EL Rapsöl

4 kleine Burgerbrötchen

2 EL kalorienreduzierter Ketchup

2 EL Salatcreme,
bis 10 % Fett absolut

4 TL Senf

4 Scheiben Gouda,
bis 30 % Fett i. Tr.

1. Karotten schälen, fein reiben, in ein Küchentuch geben und überschüssige Flüssigkeit ausdrücken. Tomate waschen und in Scheiben schneiden, Zwiebel schälen und in Ringe schneiden. Gewürzgurken in Scheiben schneiden. Salat waschen und trocken schleudern.

2. Bohnen abspülen, abtropfen lassen, mit Karotten und Ei pürieren und mit Schnittlauch, Cayennepfeffer, Salz und Pfeffer vermischen. Aus der Masse 4 Patties formen. Öl in einer Grillpfanne auf mittlerer bis hoher Stufe erhitzen und Patties darin 4–5 Minuten von jeder Seite braten.

3. Brötchen aufschneiden, Schnittflächen nach Wunsch rösten und mit Ketchup, Salatcreme und Senf bestreichen. Untere Hälften mit Salat, Patties, Gouda, Gewürzgurken, Tomaten und Zwiebelringen belegen, mit oberen Hälften abdecken und Veggie-Cheeseburger servieren.

Pro Portion: 386 kcal, 21 g EW, 38 g KH, 14 g F, 8 g BST

Lachsfilet
mit Walnuss-Zwiebel-Topping

Zubereitungszeit **20 Min.**
Garzeit **35 Min.**
Für **4 Personen**

2 große Zucchini
400 g Süßkartoffeln
2 Knoblauchzehen
1 EL Olivenöl
1 TL Paprikapulver
1/2 TL Cayennepfeffer
Salz, Pfeffer
4 Lachsfilets (à 125 g)
1 kleine Zwiebel
25 g Walnüsse
1 EL Halbfettmargarine
1 EL Paniermehl
1/2 TL getrockneter Rosmarin

1. Backofen auf 200° C (Gas: Stufe 3, Umluft: 180° C) vorheizen. Zucchini waschen. Süßkartoffeln schälen und beides in Stifte schneiden. Knoblauch pressen und mit Öl, Gemüse, Paprikapulver, Cayennepfeffer, Salz und Pfeffer vermischen. Gemüse auf einem mit Backpapier ausgelegten Backblech verteilen und im Backofen auf mittlerer Schiene ca. 15 Minuten backen.

2. Lachsfilets abspülen und trocken tupfen. Für das Topping Zwiebel schälen und fein würfeln. Walnüsse hacken und mit Zwiebeln, Margarine, Paniermehl, Rosmarin, Salz und Pfeffer verrühren. Topping auf dem Lachs verteilen, zwischen das Gemüse auf das Backblech geben und im Backofen auf mittlerer Schiene weitere 15–20 Minuten backen, dabei ca. 5 Minuten vor Ende der Garzeit die Grillfunktion einschalten. Guten Appetit!

Pro Portion: 477 kcal, 29 g EW, 29 g KH, 27 g F, 5 g BST

Spicy Mac'n'Cheese
mit Röstblumenkohl

Zubereitungszeit **15 Min.**
Garzeit **20 Min.**
Für **4 Personen**

1 kleiner Blumenkohl (ca. 800 g)

2 EL helle Misopaste

150 ml Gemüsebrühe

(1/2 TL Instantpulver)

Salz, Pfeffer

1 TL Paprikapulver

250 g trockene Vollkorn-
Gabelspaghetti

1 EL Halbfettmargarine

1 EL Mehl

280 ml entrahmte Milch

2 TL Senf

40 g geriebener Cheddar,
50 % Fett i. Tr.

40 g geriebener Mozzarella,
45 % Fett i. Tr.

30 g geriebener Parmesan

1 TL Chilisauce
(auf Tomatenbasis)

1 TL Cayennepfeffer

1 EL gehackte Petersilie

1. Backofen auf 200° C (Gas: Stufe 3, Umluft: 180° C) vorheizen. Blumenkohl waschen und in kleine Röschen teilen. Misopaste mit 2 EL Brühe verrühren, mit Blumenkohl auf einem mit Backpapier ausgelegten Backblech vermischen, mit Pfeffer und 1/2 TL Paprikapulver würzen und im Backofen auf mittlerer Schiene ca. 20 Minuten rösten.

2. Nudeln nach Packungsanweisung in Salzwasser garen. Margarine in einem Topf auf mittlerer Stufe schmelzen, mit Mehl bestäuben und unter Rühren ca. 1 Minute anschwitzen. Nach und nach mit Milch und restlicher Brühe ablöschen und unter gelegentlichem Rühren ca. 5 Minuten köcheln lassen.

3. Senf, Käse und Chilisauce einrühren und Sauce mit Salz, Pfeffer, Cayennepfeffer und restlichem Paprikapulver würzen. Nudeln abgießen, zur Sauce geben, unterrühren und ca. 1 Minute ziehen lassen. Mac'n'Cheese mit Petersilie bestreuen und mit Röstblumenkohl servieren.

Pro Portion: 443 kcal, 25 g EW, 56 g KH, 12 g F, 12 g BST

Gut kombiniert

Serviere dazu den Pflücksalat mit Zitrusfrüchten & Ranchdressing (S. 61). Der Points® Wert erhöht sich auf 14.

Hähnchen-Avocado-Blitzpizza

Zubereitungszeit **20 Min.**
Garzeit **25 Min.**
Für **4 Stück**

1 kleine rote Zwiebel
100 g Cocktailtomaten
80 g Mais (Konserve)
1 Kugel fettreduzierter
Mozzarella
200 g Hähnchenbrustfilet
Salz, Pfeffer
1 TL Rapsöl
4 kleine Tortillawraps
4 EL saure Sahne
1 kleine Avocado (ca. 100 g)
1 TL getrocknete Kräuter

1. Backofen auf 180° C Umluft (Ober-/Unterhitze nicht empfehlenswert) vorheizen. Zwiebel schälen und in Streifen schneiden. Tomaten waschen und in Stücke schneiden. Mais abgießen. Mozzarella trocken tupfen und in Stücke schneiden. Hähnchenbrustfilet trocken tupfen und mit Salz und Pfeffer würzen.

2. Öl in einer Grillpfanne auf mittlerer bis hoher Stufe erhitzen und Hähnchen darin 6–8 Minuten von jeder Seite grillen. Wraps auf zwei mit Backpapier ausgelegten Backblechen verteilen, mit saurer Sahne bestreichen und mit Salz und Pfeffer würzen.

3. Hähnchen in dünne Tranchen schneiden, mit Mozzarella, Zwiebeln, Tomaten und Mais auf den Wraps verteilen und im Backofen auf oberer und unterer Schiene 8–10 Minuten backen. Avocado halbieren, Stein entfernen und Fruchtfleisch würfeln. Blitzpizza mit Avocado belegen und mit Kräutern bestreut genießen.

Pro Portion: 332 kcal, 23 g EW, 25 g KH, 15 g F, 4 g BST

Bohnen-Halloumi-Grillpfanne

Zubereitungszeit **20 Min.**
Garzeit **25 Min.**
Marinierzeit **15 Min.**
Für **4 Personen**

9

200 g Halloumi, 45 % Fett i. Tr.
1 kleine Zitrone
3 TL Olivenöl
1 TL Honig
1 Msp. Chiliflocken
1 Msp. Kreuzkümmel
Salz, Pfeffer
400 g breite Bohnen
je 1 orange und gelbe Paprika
1 rote Zwiebel
1 große Tomate
4 getrocknete Tomaten ohne Öl
200 g Magermilchjoghurt
100 g Frischkäse,
bis 5 % Fett absolut
1 TL Tomatenmark
1/2 TL getrockneter Oregano

1. Halloumi in Scheiben schneiden. Zitrone auspressen. Für die Marinade 1 TL Öl mit 1 EL Zitronensaft, Honig, Chiliflocken, Kreuzkümmel und Pfeffer verrühren. Halloumi mit Marinade vermischen und im Kühlschrank ca. 15 Minuten marinieren.

2. Bohnen waschen, in Stücke schneiden und in Salzwasser ca. 10 Minuten vorgaren. Bohnen abgießen, abschrecken und abtropfen lassen. Paprika waschen, entkernen und in Streifen schneiden. Zwiebel schälen und in Streifen schneiden.

3. Für den Tomatendip Tomate waschen, entkernen und würfeln. Getrocknete Tomaten fein hacken, mit Tomaten, Joghurt, Frischkäse, Tomatenmark und Oregano verrühren und mit Salz und Pfeffer abschmecken.

4. Restliches Öl in einer Grillpfanne auf mittlerer bis hoher Stufe erhitzen und Paprika mit Zwiebeln darin ca. 5 Minuten rundherum anbraten. Bohnen dazugeben, ca. 5 Minuten mitbraten, mit Salz und Pfeffer würzen, mit restlichem Zitronensaft ablöschen, herausnehmen und warm stellen. Halloumi samt Marinade im Bratensatz 2–3 Minuten von jeder Seite braten und mit Gemüse vermischen. Bohnen-Halloumi-Grillpfanne mit Tomatendip servieren.

Pro Portion: 310 kcal, 19 g EW, 16 g KH, 18 g F, 7 g BST